O Baralho Zen

Um baralho original de cartas com *koans*
da sabedoria zen-budista

TIMOTHY FREKE

Tradução
CARMEN FISCHER

CB028734

EDITORA PENSAMENTO
São Paulo

Título original: *The Zen Koan Card Pack.*
Copyright © 1998 Timothy Freke, Godsfield Press.
Ilustrações de Sara Nunan.
Os Editores agradecem a Bridgeman Art Library, Hutchison Library e Zefa por permitir a reprodução das fotos.

Dados Internacionais de Catalogação na Publicação (CIP)
(Câmara Brasileira do Livro, SP, Brasil)

Freke, Timothy, 1959-
    O baralho Zen : um baralho original de cartas com koans da sabedoria zen-budista / Timothy Freke ; tradução Carmen Fischer. — São Paulo : Pensamento, 2005.

    Título original: The Zen koan card pack
    ISBN 85-315-386-3

    1. Koan 2. Zen-budismo I. Título.

05-1257   CDD-294.3927

Índices para catálogo sistemático:
1. Koans : Baralho Zen : Zen-budismo   294.3927

O primeiro número à esquerda indica a edição, ou reedição, desta obra. A primeira dezena à direita indica o ano em que esta edição, ou reedição, foi publicada.

Edição	Ano
1-2-3-4-5-6-7-8-9-10-11	05-06-07-08-09-10-11

Direitos de tradução para o Brasil adquiridos com exclusividade pela
EDITORA PENSAMENTO-CULTRIX LTDA.
Rua Dr. Mário Vicente, 368 — 04270-000 — São Paulo, SP
Fone: 6166-9000 — Fax: 6166-9008 — E-mail: pensamento@cultrix.com.br
http://www.pensamento-cultrix.com.br
que se reserva a propriedade literária desta tradução.

Impresso em nossas oficinas gráficas.

Sumário

Introdução

As cartas deste baralho, cada uma apresentando um *koan*, constituem um meio inédito de entender a vida e apreender os ensinamentos da enigmática sabedoria zen-budista. Os mestres zen-budistas incitam seus discípulos a buscarem em si mesmos as soluções para os enigmas da vida. Os *koans* deste baralho de cartas seguem essa tradição, procurando ajudá-lo a encontrar as respostas para as suas perguntas no íntimo de você mesmo. Cada carta contém um *koan* próprio — que é um ditado da sabedoria zen. Este livro, que acompanha o baralho, é para ajudá-lo a refletir sobre seus significados e orientá-lo para a aplicação dos respectivos ensinamentos na sua vida.

Trilhar o caminho espiritual é muitas vezes descrito como um negócio muito sério, mas os mestres que alcançaram a iluminação nos aconselham a ser crianças — aprendendo a brincar com a vida e a espiritualidade. Para a tradição zen-budista, a iluminação é uma transformação espontânea que pode acontecer a qualquer momento. Tudo o que ela requer é uma mudança de percepção; um outro modo de ver; um vislumbre da Verdade simples — como um raio súbito de luz do sol atravessando as nuvens de nossas idéias preconcebidas a respeito de nós mesmos e da vida.

Os *koans* deste conjunto de cartas proporcionam um modo prazeroso para você aprender a ver a vida da perspectiva zen. A simplicidade de seus ensinamentos pode surpreendê-lo e sua profundidade deixá-lo perplexo, mas se você contemplá-los com o coração aberto e com o desejo sincero de penetrar nos mistérios da vida, eles podem lhe proporcionar uma nova percepção do mundo, pela qual ele aparece totalmente mudado. Na visão zen-budista, a vida é uma jornada para o despertar espiritual. Esses *koans* podem trazer-lhe a inspiração e o discernimento necessários para você empreender a sua jornada para a consciência.

A *tanka* é um quadro pintado
que é usado como
foco para a meditação
budista.

Siddharta Gautama,
o mestre espiritual que
fundou o Budismo.

CAPÍTULO 1

O que é Zen-budismo?

ENSINAMENTOS QUE NÃO TÊM ORIGEM NAS ESCRITURAS;
NÃO SE BASEIAM EM PALAVRAS OU TEXTOS;
TOCAM DIRETAMENTE NO CORAÇÃO DAS PESSOAS;
E AJUDAM-NAS A PERCEBER A PRÓPRIA NATUREZA.

Mensagem de Bodhidharma

O Zen baseia-se na experiência direta da Verdade por nós mesmos. Ele usa de palavras apenas para nos ajudar a extrapolar totalmente os conceitos e atingir uma percepção preconceitual direta da vida como ela é. Os mestres zen descrevem seus ensinamentos como "um dedo que aponta para a lua". O dedo não é a lua e os ensinamentos não são a Verdade — apenas apontam para ela. Assim como se pode apontar para a mesma lua de muitos diferentes lugares, cada um dos mestres zen aponta para a Verdade da sua própria perspectiva. Esses sábios enigmáticos são tipos extremamente idiossincráticos. Alguns deles foram intelectuais e outros, homens simples e práticos. Alguns foram altamente disciplinados, outros levaram vidas desregradas e despreocupadas. Ser *zen* não implica ser um determinado tipo de pessoa ou viver um certo tipo de vida. Mas ser "o que você é". O que todos os mestres zen têm em comum é a experiência direta da iluminação, depois da qual cada um deles simplesmente deixou que sua própria natureza se expressasse naturalmente.

A principal preocupação dos mestres zen não é passar um determinado conjunto de ensinamentos e práticas, mas antes fazer o que é necessário para livrar seus discípulos das idéias limitadas que fazem a respeito de quem são e de como as coisas são, para que possam eles próprios ter espontaneamente a experiência direta da iluminação. Certos mestres zen costumam fazer muitas coisas estranhas e aparentemente irracionais visando ilustrar graficamente seus ensinamentos. Um discípulo impaciente visitou certa vez o mestre Dokuon e, ansioso por mostrar seus conhecimentos de filosofia, fez uma longa exposição da teoria budista que trata do vazio. Em resposta, Dokuon continuou fumando silenciosamente seu cachimbo e ignorando o jovem, que foi ficando cada vez mais agitado. De

repente, Dokuon bateu-lhe com o cachimbo, fazendo-o gritar furioso. "Se só o vazio existe", o mestre perguntou, "de onde vem toda essa raiva?" O Zen-budismo quer que sejamos reais, não presos a idéias abstratas. Para isso, ele recorre muitas vezes ao contra-senso.

Os mestres zen costumam afrontar jocosamente as grandes figuras budistas. Mas isso não é nenhuma irreverência desproposital. É para que os iniciantes não as idolatrem como seres iluminados, mas procurem o ser iluminado no interior de si mesmos. O mestre Lin-chi disse:

> *O Buda não é a meta dos que seguem o*
> *Caminho. Pessoalmente, eu o vejo como uma*
> *retrete e considero os Bodhisattvas uns carcereiros.*

Muitas vezes o comportamento dos mestres zen parece bizarro e seus ensinamentos irracionais e contraditórios — mas a doutrina segue a sua própria lógica. Um renomado filósofo visitou certa vez um mestre para se informar sobre o Zen-budismo. Ao servi-lo, o mestre continuou despejando chá depois de a xícara estar cheia, fazendo-o transbordar, até que o filósofo exclamou: "Pare! Pare!" O mestre então sorriu, dizendo:

Os mestres zen não ensinam crenças, mas antes libertam os discípulos para que tenham a experiência própria da iluminação.

Ser zen é ser o que você é e fazer o que faz.

A xícara está cheia e não dá para colocar mais chá nela antes que seja esvaziada. Da mesma maneira, sua mente está cheia de idéias e, para que eu possa lhe passar os ensinamentos zen, você terá de antes esvaziá-la.

Quando a mente já foi suficientemente esvaziada, há espaço para se começar a explorar aquilo que supostamente poderia ser chamado de filosofia zen.

ENSINAMENTOS ZEN

De acordo com a filosofia zen, tudo está interligado. Tudo na vida faz parte de um todo interdependente. Nada existe separadamente, mas apenas em relação com todo o resto. O mestre Thich Nhat Hanh escreveu:

Se você é poeta, perceberá claramente que há uma nuvem pairando sobre esta folha de papel. Sem nuvem, não há chuva; sem chuva, as árvores não crescem; e sem árvores, não podemos fazer papel.

Se refletir sobre isso, você também vai perceber que para poder estar lendo este livro, alguém terá de tê-lo escrito e que esse alguém não existiria sem um pai e uma mãe, e que esses, por sua vez, tampouco existiriam sem todos os seus predecessores, e que esses não teriam existido sem os alimentos que comeram e sem o sol que os nutriram e sem os ciclos naturais da vida e da morte...e....e....e por meio de uma vasta teia de conexões, tudo está ligado àquela folha de papel. O que nós percebemos como uma multiplicidade de coisas é, na verdade, o desdobramento de uma Unidade suprema.

Segundo os ensinamentos zen, a realidade é, portanto, "vazia", totalmente destituída de

A Unidade suprema abrange até a menor das criaturas.

Nossos egos individuais são uma ilusão que a prática zen nos leva a abandonar.

quaisquer formas individuais. Nós só percebemos as coisas separadas porque pensamos nelas como sendo separadas. Mas quando a mente está quieta e completamente vazia de pensamentos, essa "uniformidade" da realidade é revelada. Segundo os ensinamentos do mestre zen Hui-neng:

> *O fato de sermos isto e aquilo na vida*
> *é conseqüência de pensamentos confusos.*
> *A mente iluminada penetra na realidade*
> *das coisas livre de conceitos.*

Na visão zen, todas as coisas separadas são expressões inconstantes da Unidade permanente. Tudo o que toma forma tem de um dia desaparecer, inclusive nossos entes queridos e nossos próprios corpos. Sofremos porque nos apegamos futilmente a essas formas transitórias. A vida toda é permeada de sofrimento, porque acreditamos que somos indivíduos separados que nascem para morrer. Para o Zen-budismo, entretanto, essa não é a nossa verdadeira natureza. Nossas identidades pessoais são como as ondas que se sucedem no vasto mar da Existência. Separadas do mar, entretanto, essas ondas não existem. As ondas vêm e vão, mas o mar permanece. Quando descobrimos que a nossa verdadeira essência é a *Natureza Búdica*, sabemos que somos todo o oceano. Descobrimos que não somos transitórios e mortais, mas permanentes e eternos e, assim, nos libertamos de todo sofrimento.

Cada um de nós é dotado de Natureza Búdica, mas essa é obscurecida por nossas idéias sobre o que pensamos que somos. Isso cria a ilusão de um eu separado. Para despertarmos para a nossa verdadeira natureza, precisamos deixar de nos identificar com o eu ilusório. Para o Zen-budismo, esse é o propósito da prática espiritual e da própria vida humana. A grande ironia é que, quanto mais chegamos a nos conhecer, mais percebemos que não temos absolutamente nenhuma identidade separada. Nas palavras do mestre Dogen:

> *Só aceitando que o ego é uma*
> *ilusão fabricada é que passamos*
> *a trilhar o Caminho de Buda.*

O Zen nos ensina que, quando alcançamos a plena consciência, deixamos de nos perceber como separados da vida. Percebemos que somos completamente *um com* o mundo que habitamos, exatamente como o espaço dentro de um vaso e o espaço fora dele são o mesmo espaço. Tudo é expressão da Natureza Búdica. Na linguagem zen-budista, essa percepção de não separação é chamada "intimidade". Só podemos ter essa experiência entregando-nos inteiramente a viver no momento presente. É nele que a realidade está acontecendo. A prática zen leva a essa experiência direta da realidade, sem as lentes dos conceitos que a distorcem, ou seja, ao aqui e agora. Quando nos deixamos levar por distrações e preocupações, nos impedimos de simplesmente estar na Unidade da vida. Mas quando estamos inteiramente no aqui e agora, estamos livres da ilusão da separação.

Isso é iluminação. Não tem nada de estranho nem é coisa de outro mundo, mas simplesmente o nosso estado natural. Nossa Natureza Búdica essencial está sempre iluminada, assim como a luz do sol sempre está brilhando. Ela simplesmente é obscurecida pelas nuvens da separação. A prática zen trata simplesmente de afastar as nuvens para que possamos ver claramente. O Mestre Hui-neng diz que,

> *Quando não-iluminados, os Budas*
> *são seres comuns. Quando iluminados,*
> *os seres comuns tornam-se Budas.*
> *O segredo está no íntimo de você mesmo.*

AS ORIGENS
DO ZEN

O Zen é uma corrente do Budismo. O fundador do Budismo foi o sábio indiano que viveu no século V antes de Cristo chamado Siddharta Gautama, mais conhecido pelo título de "Buda". Ele nasceu como príncipe e foi preservado de ver o sofrimento humano. Quando se deparou com a doença, a velhice e a morte, ele ficou tão perturbado que renunciou ao seu reino e tornou-se um peregrino asceta em busca da Verdade. Depois de vencer diversas provações,

A iluminação transforma todos os que a alcançam em Budas.

ele alcançou a iluminação e tornou-se um grande mestre espiritual. Certo dia, no *Bico do Abutre*, muitos de seus seguidores se reuniram à espera de que ele fizesse um discurso, mas ele sentou-se e não disse nada. Passado algum tempo, ele ergueu silenciosamente uma flor. Todo mundo ficou confuso, menos um de seus discípulos chamado Mahakasyapa, que simplesmente sorriu. Ele havia entendido os ensinamentos de Buda. O Zen esboça sua inspiração nesse momento em que o Buda transmitiu diretamente iluminação para Mahakasyapa. O discurso sem palavras de Buda no *Bico do Abutre* foi a primeira e estranha lição intuitiva a comunicar a percepção espontânea da Verdade a um discípulo.

Depois da morte de Buda, Mahakasyapa tornou-se seu sucessor e depois dele vieram outros mestres sábios que ficaram conhecidos como patriarcas. O vigésimo oitavo patriarca budista indiano foi Bodhidharma, cujo nome significa "Conhecedor do Caminho". No século VI da nossa era, ele foi para a China, onde começou a praticar uma abordagem radicalmente nova do Budismo chamada "A Doutrina do Coração de Buda", que o reverencia como seu primeiro patriarca. Essa doutrina considerava a meditação como sendo a prática principal para alcançar a iluminação e, na China, ela ficou conhecida como *Ch'an*, que é uma derivação da palavra sanscrítica "Dhyana", que significa "meditação". No século XII, a doutrina do "Coração de Buda" chegou ao Japão, onde adquiriu o nome pelo qual é conhecida atualmente, ou seja, *Zen-budismo*.

Como religião, o Budismo já estava bem enraizado na China antes da chegada de Bodhidharma, mas nunca havia existido nenhum mestre iluminado. O imperador Wu era um budista devoto, de modo que quando soube da chegada desse respeitado sábio, convidou-o para ir à sua corte.

Quando eles se encontraram, o imperador perguntou a Bodhidharma: "Eu construí muitos mosteiros, realizei incontáveis boas ações e te-

nho sido um patrono generoso do Budismo. Que méritos eu obtive?" Bodhidharma respondeu: "Absolutamente nenhum." Então, o imperador Wu, atônito, perguntou: "Quais são então os ensinamentos sagrados do Budismo?" Ao que Bodhidharma respondeu: "Um vazio ilimitado sem nada de sagrado nele." Um pouco confuso, o imperador perguntou: "Se tudo é vazio, então diga-me quem é você?" E Bodhidharma respondeu: "Não faço nenhuma idéia." O imperador ficou totalmente perdido e Bodhidharma, vendo que não havia ninguém preparado para assimilar seus ensinamentos, foi embora e sentou-se para meditar diante de uma parede onde permaneceu durante nove anos. Essas primeiras palavras enigmáticas que Bodhidharma pronunciou em sua chegada à China são as origens do Zen-budismo.

O que ele quis dizer com essas respostas bizarras? O imperador acredita que, por meio de boas ações religiosas, ele adquire mérito espiritual, que lhe trará algum tipo de benefício. Bodhidharma, no entanto, lhe ensina que tudo o que importa realmente é a experiência direta da Verdade, que está além de qualquer idéia sobre bem ou mal. Bodhidharma considera que os ensinamentos do Budismo revelam a Unidade da vida, que é vazia e desprovida de qualquer separação. Para ele, esses ensinamentos não são sagrados nem especiais. Se tudo é parte de um todo, nada

O objetivo da prática espiritual é, para os zen-budistas, a superação da ilusão de sermos separados.

O Budismo chegou ao Japão no século XII, onde recebeu a qualificação zen.

é sagrado ou especial. Ele não faz idéia do que é a sua identidade, uma vez que percebeu que seu corpo e sua personalidade são meras partes ilusórias da Unidade. Ele tem consciência de que o seu ser essencial é a Natureza Búdica que está em todas as coisas. Ele percebeu que não sabe descrever o que é, apenas *ser* o que é.

Os verdadeiros ensinamentos de Bodhidharma não estão contidos no que ele diz, mas no que ele é. Só um discípulo capaz de reconhecer isso estaria espiritualmente preparado para receber a experiência direta da iluminação. Bodhidharma não encontrou nenhum discípulo que estivesse suficientemente maduro para a iluminação e, por isso, resolveu recolher-se em meditação até que, finalmente, esse discípulo o procurasse — o seu sucessor — que foi o segundo patriarca zen Hui-ke.

Bodhidharma e seus sucessores imediatos tiveram muito poucos discípulos. Foi só no período de Hui-neng, o sexto e último patriarca, que o Zen-budismo tornou-se uma corrente importante do Budismo.

O CAMINHO ATÉ ONDE ESTAMOS HOJE

Quando o quinto patriarca, Hung-jen, estava se preparando para deixar o seu posto, Hui-neng era apenas um analfabeto que trabalhava como ajudante de cozinha no mosteiro. Hung-jen decidiu escolher seu sucessor pedindo a seus discípulos que cada um lhe apresentasse um poema revelando a profundidade de seus discernimentos. Em geral, acreditava-se que o pró-

O Budismo não faz nenhuma distinção entre homem e mulher — todos têm a mesma capacidade de virem a tornar-se Buda.

ximo patriarca seria um monge erudito chamado Shen-hsiu, que apresentou o seguinte poema:

O nosso corpo é a árvore Bodhi,
E nossa mente um espelho reluzente.
Nós os limpamos meticulosamente de hora em hora
Para não deixar que nenhum pó se acumule sobre eles.

Esse poema mostrou a Hung-jen que
Shen-hsiu havia entendido o Budismo como um
método de purificação gradual da mente, persis-
tindo em mantê-la limpa por meio da meditação
e de outras práticas, até que, como um espelho,
ela refletisse claramente a Verdade. Mas Hung-
jen também percebeu que Shen-hsiu ainda não
havia alcançado a iluminação. Ele ainda não

havia tido a experiência da Unidade de todas as coisas e ainda acreditava que havia algo para ser alcançado e alguém para alcançá-lo.

Hui-neng estava socando arroz quando ouviu um menino recitando a estrofe escrita por Shen-hsiu, que o inspirou a apresentar o seu próprio poema em resposta. Ele pediu a alguém para escrevê-lo na parede enquanto ditava:

A Natureza Búdica inerente a tudo é parte fundamental do Zen-budismo.

Não existe nenhuma árvore Bodhi
Nem nenhum espelho reluzente.
E, se tudo é vazio,
Onde poderia se acumular pó?

Os monges do grupo ficaram surpresos, mas o patriarca apagou o verso para o caso de ficarem enciumados. Hui-neng demonstrou que havia aprendido os ensinamentos mais profundos do Budismo: que tudo é vazio; que na realidade não existe nenhum obstáculo para a iluminação; que não existe nenhum lugar a ser alcançado e nem ninguém para alcançá-lo; que tudo é perfeito exatamente como é. O patriarca sabia que havia encontrado um sucessor digno e convidou Hui-neng naquela noite para ir ao seu quarto, onde lhe expôs as escrituras budistas. Quando ele leu "A pessoa deveria usar a mente de maneira a livrá-la de qualquer apego", Hui-neng foi subitamente iluminado e, compreendendo que todas as coisas existentes no universo são manifestações da mesma Natureza Búdica, exclamou alegremente:

Quem poderia imaginar que a
Essência da Mente fosse inerentemente pura!

Um mestre budista iluminado que renuncia a desaparecer no Nirvana para servir aos outros é conhecido como Bodhisattva. Este é o Bodhisattva Fugen.

Os poemas de Shen-hsiu e Hui-neng demonstram dois tipos de ensinamento zen-budista, ambos válidos. O primeiro tipo de ensinamento nos ajuda a preparar a terra para semear a iluminação e o segundo faz com que ela brote espontaneamente. O primeiro ensina o processo gradual de purificação e o segundo leva ao conhecimento súbito da Verdade. Os ensinamentos zen parecem muitas vezes contraditórios, já que esses dois níveis se confundem.

Para cultivar os meios que levam à iluminação, o Zen-budismo prega a seus discípulos que pratiquem boas ações, superem o egoísmo, aquietem a mente e abram o coração — todas as atitudes que solapam a idéia de separação. Dia após dia, eles limpam o espelho da mente até poder refletir claramente a Verdade. Isso não está errado. É um processo profundo de preparação. Entretanto, quando a iluminação acontece, eles descobrem que todo o caminho zen é tão ilusório como tudo o mais que existe. Tudo simplesmente é como é. A iluminação é natural. Sua Natureza Búdica sempre existiu. Eles chegaram onde já estavam. A única diferença entre seus estados iluminado e não-iluminado é que, antes, eles achavam que sabiam quem eram e como o mundo era, e agora sabem que nunca houve "alguém" para saber algo. Existe apenas a eterna Unidade da vida manifestando-se naturalmente. É o fim da jornada espiritual, uma vez que não existe nenhum eu separado para realizar a jornada. Essa é uma volta para casa que é acessível a todos. O quarto patriarca zen, Tao-Hsin, encoraja:

Você não é diferente do Buda.
Não há nenhum outro modo de alcançar
a iluminação que não seja deixar a sua mente
livre para ser ela mesma.

CAPÍTULO 2

O que é um koan?

Os *koans* são como janelas através das quais podemos vislumbrar as verdades do Budismo. Tradicionalmente, seu significado remete ao registro de um diálogo entre mestre e discípulo, durante o qual o discípulo chega espontaneamente à experiência da iluminação. Com o passar do tempo, *koan* passou a significar qualquer frase ou pergunta zen que possa ser usada como objeto de contemplação, levando o discípulo a um discernimento profundo da vida. Considera-se que existem três qualidades essenciais necessárias para se contemplar um *koan* com êxito — muita fé, muita determinação e muita dúvida. Um *koan* tradicionalmente famoso é: "Qual é o som de uma mão batendo palma?" Essa pergunta aparentemente absurda obriga os iniciantes no Zen-budismo que a contemplam a irem além de seus modos habituais de pensar e a responderem

A meditação sobre os *koans* leva o iniciante zen-budista à experiência da iluminação.

com sua intuição mais profunda. Eles podem chegar a inúmeras respostas brilhantes, mas quando as apresentam ao mestre, ele lhes pedirá para irem mais fundo. A certa altura, os discípulos podem ter espontaneamente a experiência de passar para outro estado de consciência. O mestre, que já teve essa experiência, reconhece o fato. Qualquer resposta que os discípulos possam dar a um *koan*, mesmo que seja completamente absurda, será nesse contexto válida, já que ela será dada não através da sua mente, mas do seu próprio ser. O mestre Ekai havia meditado sobre um *koan* durante seis anos quando um dia, ao ouvir a batida de tambor do mosteiro, alcançou a iluminação. Ele aconselhou seus discípulos a se concentrarem no *koan* dia e noite sem cessar; eles deviam manter-se inteiramente concentrados, com cada osso e cada poro de seus corpos, até se transformarem num novelo sólido de dúvidas. Ele costumava lhes dizer: "Pensem nesse novelo como uma bola de ferro vermelho incandescente que vocês engoliram e agora querem vomitar — mas simplesmente não conseguem. Esqueçam todos os pensamentos e sentimentos ilusórios que mais prezam. Depois de algum tempo fazendo esse esforço, o *koan* vai produzir frutos e, de um modo totalmente espontâneo, o dentro e o fora vão se fundir num único todo. E vocês vão se sentir tão estonteados como se tivessem acabado de despertar de um sonho."

Para trabalhar com um *koan* nesse nível de profundidade, é recomendável que seja sob a orientação de um mestre experiente. Os *koans* das cartas deste baralho não foram feitos para exigirem todo esse nível de profundidade. Tampouco têm como único e último propósito a meta de alcançar a iluminação, como acontece

com muitos outros *koans* da tradição zen-budista. Pelo contrário, eles se valem de ensinamentos zen-budistas mais amplos para lançarem luz sobre nossa vida cotidiana. Isso não quer dizer, entretanto, que sejam necessariamente mais superficiais. De acordo com a filosofia zen, a iluminação é para ser encontrada nas coisas comuns da vida, e os ensinamentos dos mestres contidos nestas cartas podem nos ajudar a fazer isso. Mas a filosofia zen não tem como propósito chegar a qualquer lugar, nem mesmo alcançar a iluminação. Os *koans* deste baralho de cartas foram selecionados com o intuito de nos proporcionar uma boa viagem; nos prover o alimento espiritual que possa nos reanimar e revigorar nos momentos difíceis de nossa jornada pela vida; e transformar nossa vida numa jornada para o despertar.

A descoberta da eterna
Unidade da vida é o fim
da jornada espiritual.

CAPÍTULO 3

Como usar os koans das cartas deste baralho zen?

Antes de escolher uma determinada carta para contemplar, forme um "círculo zen" com todas as cartas deste baralho. No Zen-budismo, o círculo é uma importante representação simbólica da mente vazia, íntegra e iluminada. Muitos mestres praticaram a arte da caligrafia e conseguiram desenhar belos círculos com um único movimento espontâneo do pincel. Assim como esses mestres usaram a caligrafia como meio de focalizar e aquietar a mente, você também pode usar a formação de um círculo zen com as cartas deste baralho para esvaziar-se, concentrar-se e estar pronto para responder à carta que tirar a partir das profundezas do seu ser.

Na posição sentada e em silêncio, deixe sua mente ir ficando o mais calma possível. Torne-se como um céu vazio e deixe que seus pensamentos e sentimentos sejam como nuvens passageiras. Quando tiver atingido esse estado de serenidade, embaralhe as cartas e com as figuras voltadas para baixo disponha-as de maneira a formar um círculo. Na caligrafia zen, é conside-

Deixe que a sua mente
fique tão calma e serena
quanto o céu vazio na
hora do pôr-do-sol.

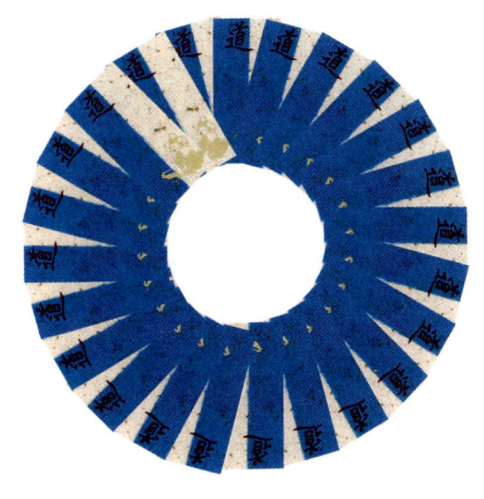

Dispor as cartas num círculo permite que você se concentre em todas e em nenhuma delas em particular.

rado importante a própria pessoa pintar um círculo com uma única pincelada e, depois, acolher e contemplar o círculo que desenhou. Da mesma maneira, espalhe as cartas com um único movimento, deixando que o círculo fique como se formou espontaneamente, por mais imperfeito que possa parecer.

Concentre-se por um tempo numa questão ou situação específica da sua vida que você esteja querendo entender melhor; ou simplesmente fique em silêncio sentindo-se em paz com a sua vida como ela é. Intuitivamente, retire uma das cartas, colocando-a com a figura voltada para cima no centro do círculo.

Considere o *koan* por um instante e permita-se expressar qualquer reação que venha a sur-

gir. Depois, consulte o texto em busca de outras possibilidades de entendimento. A palavra "zen" significa "meditação" ou simplesmente "sentado". Simplesmente "fique sentado" contemplando o problema ou a situação em que se encontra na vida, mas procurando vê-la agora da perspectiva zen sugerida pelo *koan* da carta. Não apresse esse processo. Quanto mais fundo você se examinar, mais profundo será o seu entendimento dos ensinamentos.

Talvez você queira tirar dois ou mais *koans* para contemplá-los juntos e obter uma visão mais ampla da situação. Você também pode, é claro, deixar o seu olhar penetrar nas cartas e escolher conscientemente aquela que mais lhe atrair. Entretanto, deixar a magia da vida, que chamamos de acaso, escolher a carta em seu lugar vai impedir você de usar sua mente pensante. Dessa maneira, talvez você tire um *koan* que jamais teria escolhido deliberadamente, e que esse ilumine a sua situação de maneiras surpreendentes.

O significado do *koan* pode ficar claro no mesmo instante ou só vir a fazer sentido mais tarde. No início, sua reação talvez seja de surpresa e perplexidade, mas sente-se e reflita calmamente sobre o seu significado. É possível também que você não veja nada de relevante nele. Essas cartas não são milagrosas — você é o milagre. Se uma carta não faz realmente nenhum sentido para você, siga a sua intuição e ignore-a. Entretanto, é bem possível que você ache que há uma mensagem profunda a ser descoberta. Esses *koans* são expressões de discernimentos de mestres zen-budistas que penetraram profundamente na natureza das coisas e os formularam para servir de inspiração e orientação a todos os que também desejam encontrar a Verdade.

Essas cartas não dizem o que você deve fazer, mas sugerem um modo alternativo de ser. Elas não dão respostas, mas podem, como costuma fazer o mestre zen, ajudá-lo a se livrar de qualquer coisa que esteja obscurecendo a sua capacidade natural de enxergar claramente. Algumas cartas proporcionam novas maneiras de ver a sua situação, enquanto outras, ignorando a questão que você colocou, respondem com outra pergunta; algumas são divertidas e outras sugerem práticas zen que podem ajudar você a mudar de atitude e olhar para si mesmo. De diferentes maneiras, todas elas estimulam um estado de consciência que abre naturalmente caminho para o surgimento espontâneo do entendimento. Esses *koans* podem ser entendidos em diversos níveis, desde conselhos práticos até ensinamentos de suprema sabedoria. Você poderá encará-los da maneira que lhe parecer mais relevante, mas mantenha-se sempre aberto para descobrir outros níveis de significado que você talvez não tenha percebido no início.

Talvez você queira começar tirando uma carta uma vez por dia ou uma vez por semana como forma de exercício espiritual. Contemple o *koan* durante todo o período entre uma carta e outra e veja se o seu entendimento aumentou. Talvez você queira colocar a carta tirada num lugar onde ela possa chamar a sua atenção muitas vezes durante o dia — como, por exemplo, fixada numa porta ou em outro lugar bem visível.

O significado do *koan* pode não ser claro no início, mas como a dissipação da névoa, o entendimento virá da contemplação.

O mestre zen iluminado
compreendeu que o que importa
é a jornada, não a chegada.

Isso serviria de lembrete para você focalizar a sua atenção no *koan*. Toda vez que olhar para a carta, reconheça-a mentalmente e, repetindo em silêncio o seu *koan* e adotando uma atitude mental totalmente nova, pergunte-se outra vez o que ele significa para você. Se você usar as cartas regularmente, é possível que venha a tirar a mesma carta mais de uma vez. Se isso acontecer, não passe simplesmente a tirar outra. A repetição não é uma mera chateação, mas uma grande bênção, uma vez que permite que você aprofunde o significado de um *koan* e perceba melhor como o seu ensinamento pode ser aplicado mais plenamente na sua vida.

Talvez você queira usar este baralho zen com um amigo ou amiga. Nesse caso, cada um escolhe uma carta e, em seguida, depois de contemplar silenciosamente, cada um por si, o seu significado, vocês trocam suas impressões um com o outro. O resultado de compartilhar uma impressão costuma ser a sua ampliação. É comum que uma pessoa amiga enxergue algo em nossa vida para o qual nós mesmos somos cegos e, com isso, nos ajude a entender melhor a situação na qual nos encontramos. As cartas deste baralho zen também podem ser usadas por um grupo de pessoas. Nesse caso, cada pessoa deve escolher intuitivamente uma carta. Em seguida, todas contemplam o *koan* por um instante e depois cada uma lê a página correspondente neste livro, fazendo uma pausa entre um *koan* e outro para discutir as reações da pessoa e do grupo à carta em questão. Este livro também pode ser simplesmente lido de cabo a rabo, como um meio de aprofundar o seu discernimento da sabedoria zen-budista. Segundo o mestre Thich Nhat Hanh, "O Budismo é um modo inteligente de curtir a vida". Independentemente do modo como você usa as cartas deste baralho zen, a coisa mais importante é curtir o processo.

Uma impressão compartilhada com um amigo costuma ter a sua amplitude multiplicada.

CAPÍTULO 4

Os koans

1
Quem está perguntando?

Certa vez um discípulo perguntou: "Onde está o Buda?" O mestre respondeu: "Não longe de onde saiu a sua pergunta." A resposta mais profunda que o Zen dá a qualquer pergunta é: "Quem quer saber?" Como podemos encontrar a resposta para as nossas perguntas se não sabemos quem somos? A maioria das pessoas se identifica com o próprio corpo e personalidade, mas o Zen-budismo instiga a olhar outra vez. Seu corpo mudou de tal maneira que ficou irreconhecível — de um bebezinho a um adulto crescido. Sua personalidade está o tempo todo se adaptando a novas situações. Essas adaptações são realmente você? A única coisa permanente na sua vida tem sido a sua experiência de ser testemunha de todas essas mudanças. Para o Zen, nosso senso de identidade pessoal é uma ilusão que nós próprios criamos. Qualquer idéia que possamos nutrir sobre quem somos é apenas isso — uma idéia. Nós não somos essa idéia, mas a consciência que a está alimentando. Por isso, jamais poderemos nos conhecer por meio do pensamento. Só podemos ser aquilo que somos — a indescritível Natureza Búdica.

> **QUESTÕES PARA REFLEXÃO:**
>
> • Você acha que sabe quem é? Antes de resolver os problemas da sua vida, considere por algum tempo a questão fundamental: "Quem sou eu?"
>
> • As idéias sobre quem você é estão aprisionando-o? Considere uma a uma todas as idéias sobre quem você é e, então, descarte-as. Sinta a sua experiência subjetiva de simplesmente ser. Deixe que suas escolhas venham das profundezas da sua verdadeira natureza, não das idéias sobre si mesmo.

2

Encontrar-se é perder-se

O mestre Hashida ensinava: "Estudar o caminho do Buda é investigar o seu próprio ser e conhecer a si mesmo é esquecer de si mesmo." Para a filosofia zen, o indivíduo separado que pensamos que somos não é a nossa verdadeira natureza. Para conhecer o nosso verdadeiro Ser, temos que deixar de nos identificar com esse eu ilusório separado. Quando nos comportamos de maneira egoísta, estamos servindo ao falso eu; mas quando somos abnegados, despertamos nossa Natureza Búdica mais profunda.

A caligrafia era usada para centrar o eu para a contemplação.

A abnegação é o caminho espiritual para a superação da nossa ilusão de separação e para a experiência da Unidade de tudo o que existe. De acordo com o Budismo, a iluminação não é algo que você obtém para si mesmo, mas algo que ocorre naturalmente quando você se entrega.

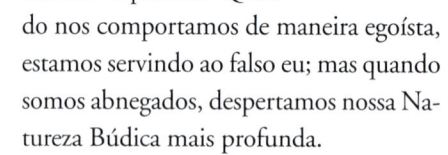

QUESTÕES PARA REFLEXÃO:

• Você está procurando se encontrar? Então, o jeito é dar-se. Pense em algo que você pode fazer hoje para servir ao próximo de maneira abnegada. Tome consciência das necessidades das pessoas ao seu redor e simplesmente expresse seus sentimentos espontâneos de compaixão. Teste os ensinamentos de Hashida e descubra que, quando se coloca acima de seus interesses próprios, você se sente mais próximo do seu verdadeiro Eu.

• Você está tentando ser abnegado, mas achando isso impossível? Enquanto você acreditar que é uma pessoa separada servindo a outras pessoas separadas, você só poderá agir a partir dessa crença na separação. Imagine todas as pessoas sendo as mãos e os olhos de um único grande ser.

• Quando ajudar os outros, que seja de um modo tão simples e natural como se estivesse dando a si mesmo.

3

A onda e o mar são Um só

Omestre Thich Nhat Hanh escreveu: "A onda vive a vida de uma onda e, ao mesmo tempo, a vida de água." O Zen nos ensina que nosso ser aparentemente separado é como uma onda individual que se ergue e se dispersa no grande oceano da Vida. Como uma onda, nós somos impulsionados para a frente pelas correntes profundas da vida. Se a nossa experiência se restringe apenas à superfície das coisas, achamos que somos a onda. E, como onda, nos sentimos sendo arrastados pela vida e temos medo de nos espatifarmos contra os rochedos da costa. Se a nossa experiência desce às profundezas das coisas, sabemos que somos o oceano todo, e a ansiedade desaparece. As ondas vêm e vão, mas o oceano permanece.

Os ensinamentos zen ajudam a preparar a terra para germinar a semente da iluminação.

QUESTÕES PARA REFLEXÃO:

• Você está se sentindo como uma onda jogada de um lado para outro no mar? Vá mais fundo. Seja parte da vida e não fique à parte dela. Deixe-se levar pela corrente da vida e viva em harmonia com seus fluxos e refluxos. Bater-se contra a corrente é desperdiçar energia. Empurrar a corrente não faz as coisas andarem mais depressa. Fique boiando sobre as ondas da vida com equanimidade, com a certeza de que você, na realidade, é o oceano todo.

• Está ansioso? Imagine-se como uma onda com a força de todo o mar atrás de si. Incontrolável. Sinta a Energia Vital manifestando-se em você. O que há para temer? Você é a própria Vida.

4

Olhe e veja com seus próprios olhos. Se hesitar, errará definitivamente o alvo

O mestre Yuan-Wu nos diz para não hesitarmos e, sim, penetrarmos diretamente na natureza da vida com nossos próprios olhos. Na tradição zen, o nascimento de um ser humano é considerado uma excelente oportunidade para alcançar a iluminação. Se não o fizermos nesse momento, quando o faremos? Se deixamos de abraçar inteiramente a vida hoje, nós a perdemos para sempre, porque a visão zen só pode ser apreendida no momento presente. O passado se foi e o futuro ainda não veio. O agora é a única realidade que existe e, se quisermos despertar, teremos de fazê-lo agora.

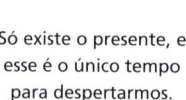

Só existe o presente, e esse é o único tempo para despertarmos.

QUESTÕES PARA REFLEXÃO:

• Você está se impedindo de viver? Se você não aproveitar a oportunidade, morrerá sem ter vivido. Não hesite. Viva.

• Você está adiando para amanhã algo que a sua intuição profunda está dizendo para fazer hoje? Seja esse algo importante ou insignificante, quando não seguimos nossos impulsos internos por medo ou inércia, estamos nos privando da luz que guia a nossa vida. Não adie mais. Faça agora o que tem de ser feito.

• Você está esperando para iniciar sua busca inicial a sério? Você está vivo agora e não sabe por quanto tempo. Não desperdice essa oportunidade preciosa para descobrir a Verdade por si mesmo.

5

Posso destruir os livros que carrego na bolsa, mas é impossível esquecer os versos escritos nas minhas vísceras

Ikkyu era um mestre zen-budista escandaloso que pregava que, em vez de estudar infinitamente as escrituras budistas, deveríamos aprender a ler as cartas de amor enviadas pela neve, pelo vento e pela chuva. Ele queimou seus exemplares das escrituras e seguiu os ditames de sua intuição. Simplesmente, expressava a sua natureza. Ele se sentia em casa tanto num bordel quanto num templo. Ter algumas horas de prazer na companhia de uma jovem, ele dizia, nunca o fez sentir-se como se ardesse no inferno. Ele acreditava que o propósito do Zen-budismo era fazer com que o ser humano se tornasse natural para gozar plenamente a vida e que um santo puritano não tinha nada a ver com Buda.

QUESTÕES PARA REFLEXÃO:

• Você está seguindo suas intuições profundas ou o que os outros lhe disseram que é certo? Muitas vezes deixamos de expressar a nossa própria natureza por medo dos julgamentos dos outros, mas o Zen nos liberta de todas essas amarras.

• Você tem medo de agir mal se se deixar levar? Transcenda o seu eu individual e, sentindo-se em Unidade com a vida como um todo, naturalmente você vai desejar agir para o melhor. Os ensinamentos zen tratam de libertar a pessoa para que ela possa expressar sua natureza particular em harmonia natural com a totalidade da vida. Sinta o seu Eu profundo. Confie nele. E então, desconsiderando as opiniões de todos os demais, e até mesmo os ensinamentos do Buda, como você quer expressar o que é?

6

Quando estiver caminhando — caminhe.
Quando estiver sentado — esteja sentado.
Mas não vacile!

Certa vez quando perguntado como era sua disciplina zen, um mestre respondeu: "Quando tenho fome, como, e quando estou cansado, durmo." E seu consulente, estupefato, exclamou: "Mas isso é o que todo mundo faz!" "De maneira alguma", contestou o mestre. "A maioria das pessoas costuma não prestar atenção no que está fazendo." Ser zen é saber que somos parte da Natureza e deixar que a nossa natureza se expresse naturalmente — quando temos fome, comemos. Mas devemos fazer o que quer que seja com total consciência. Neste *koan,* o mestre Yun-men diz para não "vacilarmos". Vacilamos quando não estamos totalmente presentes no que estamos fazendo. Ser zen não significa fazer algo especial, mas realizar conscientemente todas as atividades cotidianas. Certa vez perguntaram ao mestre Nan-ch'uan: "O que é zen?" E ele respondeu: "A mente comum é completamente zen." "Devemos tentar alcançá-la?", perguntou então o seu consulente. E Nan-ch'uan preveniu: "Se você tentar, ela escapará." De acordo com o Zen, a questão não é "tentar" ser de determinada maneira, mas simplesmente ser o que você é e fazer o que você faz.

QUESTÕES PARA REFLEXÃO:

• Você está inteiramente envolvido com qualquer que seja o processo que esteja ocorrendo na sua vida? O discernimento não provém de um modo de viver inconsciente, ou de levar uma vida à distância, mas de entrar inteiramente nela.

• Você está valorizando o extraordinário e menosprezando o ordinário? O Zen não é nada de especial. É estar simplesmente consciente à medida que vive o dia-a-dia.

Seja natural e consciente

7

Sem pensamentos ansiosos, o fazer vem do ser

O Zen nos mostra que é possível viver espontaneamente. Isso não é ceder a um modo de vida totalmente irresponsável, mas deixar que o nosso processo natural de tomada de decisão funcione eficientemente. Uma metáfora moderna que facilita a compreensão desse ensinamento é imaginar a mente como um computador. Se temos no nosso computador uma grande quantidade de programas desnecessários, quando solicitamos a ele que processe certas informações, ele vai operar muito mais lentamente. Cada passo do processo vai aparecer diante de nós na tela até finalmente ele apresentar a resposta que solicitamos. Se todos os programas desnecessários fossem removidos, a potência do computador seria totalmente disponibilizada para processar as informações que pedimos. Da mesma maneira, com a mente repleta de pensamentos e preocupações irrelevantes, nosso processo natural de tomada de decisão fica lento e cada passo da deliberação torna-se extremamente penoso. Se aquietamos a mente com práticas como a da meditação, ela libera nossas capacidades mentais para responder com rapidez e eficiência e, conseqüentemente, sabemos espontaneamente o que fazer.

> **QUESTÃO PARA REFLEXÃO:**
>
> • Em vez de pensar no problema que a vida está lhe apresentando, sente-se e em silêncio deixe a sua mente se acalmar. Permita que a resposta venha espontaneamente da sua intuição sem qualquer esforço desnecessário para deliberá-la. Vá diretamente para a solução.

8

Faça o que você quiser — mas não por obrigação

Os ensinamentos zen dizem para seguirmos os impulsos da nossa natureza interior, mas esses não devem ser confundidos com hábitos. Eles são renovados a cada instante. Os mestres zen são mal-afamados por fazerem subitamente coisas estranhas com o intuito de chocar seus discípulos e, com isso, arrancá-los de seus estados mentais habituais e lançá-los instantaneamente na espontaneidade do AGORA. Quando nossos atos são movidos pelos nossos hábitos, somos como um disco arranhado que fica repetindo a mesma cantilena muitas e muitas vezes. Quando o mestre zen responde intuitivamente de forma bizarra, seus discípulos não sabem se devem ficar ofendidos, irados ou encantados — de repente, eles não sabem como se comportar. É como se o mestre tivesse dado um soco no toca-discos e ele, de repente, tivesse voltado a funcionar devidamente. Os discípulos ficam livres de seus hábitos arraigados e estão prontos para viver a mágica maravilhosa do momento presente.

QUESTÃO PARA REFLEXÃO:

• Você está preso a um determinado padrão de comportamento? Seja o seu próprio mestre zen! Quando perceber que seus atos estão sendo movidos por hábitos, faça espontaneamente algo absurdo. Faça algum ruído estranho ou coloque os sapatos na cabeça. Provavelmente, você vai se sentir ridículo, mas perceberá que não pode levar seus hábitos muito a sério quando está se comportando fora dos padrões. Cada vez que você fizer isso, vai ficar mais difícil para o seu hábito permanecer inconsciente — até que, de maneira totalmente natural e sem esforço, você ficará livre para encontrar novas maneiras de responder a cada momento.

NÃO SE DEIXE LEVAR PELOS HÁBITOS

9

Saiba quem você é e seja o que você sabe

Os ensinamentos zen nos instigam a voltar para dentro de nós mesmos e a descobrir quem realmente somos. Tendo vislumbrado nem que seja só um pouquinho da nossa Natureza Búdica intrínseca, somos levados a tentar viver de acordo com o que conhecemos. É fácil ter uma percepção momentânea da nossa natureza essencial, mas depois mantê-la apenas como uma idéia filosófica. Para praticar o Zen, temos de voltar constantemente a essa percepção até transformá-la em realidade. O Zen não é um conjunto de crenças para serem discutidas; é ver a Verdade e viver de acordo com ela.

Zen é a arte de ser, não
a tarefa de conhecer.

QUESTÕES PARA REFLEXÃO:

• Você está sendo autêntico? Se não está levando uma vida que expressa a sua natureza interior, considere quais são as mudanças necessárias para transformar-se e transformar a sua vida de maneira a poder ser realmente quem você é. Comece a operar essas mudanças hoje.

• Você está colocando em prática o que sabe? Considere o modo diferente de como você gostaria de viver se pusesse em prática suas percepções mais profundas. Decida viver desse modo a partir de agora. Se a sua tentativa fracassar, não perca tempo com auto-recriminações, mas simplesmente reafirme a sua decisão e continue no seu caminho.

10

A água esquenta aos poucos mas começa a ferver de repente

Aênfase de certas correntes zen-budistas é no despertar súbito e espontâneo. Outras acentuam o processo gradual de despertar por meio da prática e da perseverança. Entretanto, não há nenhuma contradição nisso, conforme evidencia o ensinamento zen desta carta. Pela perseverança paciente em praticar os princípios zen, nós criamos as condições que levam de maneira inteiramente natural à experiência da iluminação. Não se pode forçar uma semente a brotar, mas apenas prover as condições mais apropriadas para que a sua germinação ocorra naturalmente. Da mesma maneira, o despertar não pode ser forçado, mas apenas favorecido.

Os monges noviços são encorajados a desenvolver a virtude da paciência.

Seja paciente

QUESTÕES PARA REFLEXÃO:

• Você está frustrado com a vida que leva? Veja-se como a água que vai aquecendo aos poucos para, de repente, surpreendê-lo começando a ferver. Esqueça a sua frustração e concentre-se em criar as condições de vida que permitam aos poucos que a realização aconteça naturalmente com o tempo.

• Você precisa desenvolver uma perseverança paciente? Caso você desenvolvesse essa atitude, de que maneira ela mudaria a sua vida? Considere uma área específica e decida ser como um jardineiro que cultiva sementes. Você não pode fazer as sementes crescerem, mas pode cultivá-las com amor até a hora de colher os seus frutos.

11

A mente só é absolutamente pura quando está acima da pureza e da impureza

Muito embora os ensinamentos zen nos orientem para pensamentos positivos e boas ações, sua revelação máxima é que a verdadeira natureza da mente está acima de todos esses pensamentos limitados. Eles nos incitam a abandonar o julgamento negativo que fazemos de nós mesmos e a nos aceitar como somos. Se aceitamos que estamos no processo de despertar espiritual, a vida torna-se uma espécie de curso de conscientização. Somos alunos porque temos algo para aprender e, portanto, não faz sentido criticar a nós mesmos por sermos ignorantes. O mestre Seng-t'san ensina: "Viva com a consciência zen e deixe de se preocupar com o fato de não ser perfeito." Disseram certa vez a uma menina má que rezasse para que Deus fizesse com que ela se comportasse bem. O comportamento dela não melhorou e ela, portanto, concluiu que Deus certamente gostava dela exatamente do jeito que ela era. Ser zen é ser você mesmo — do jeito que você é.

> **QUESTÕES PARA REFLEXÃO:**
>
> • Você se aceita do jeito que é? Considere-se em processo de aprendizagem e não critique suas imperfeições, mas aprenda com elas sempre que possível.
>
> • Abandone todas as idéias que tiver sobre como você acha que deveria ser. Concorde em ser exatamente como você é — incluindo o seu desejo de ser melhor e o seu malogro em consegui-lo. Fique sentado por um tempo sentindo que a vida gosta de você exatamente do jeito que você é, senão ela teria feito você diferente.

12

A luz interior está além dos elogios e das censuras. Como o espaço, ela não tem limites

O mestre Yung-Chia Ta-shih ensina que a nossa Natureza Búdica é a luz da Consciência pura — o espaço infinito do qual surgem os pensamentos. É o "Eu" essencial no nosso interior que percebe tudo. Como a luz do sol, ele ilumina tudo o que chamamos de bem e de mal, mas ele próprio está além tanto do bem quanto do mal. Portanto, se conhecemos a nossa Natureza Búdica, podemos ser como o sol que brilha indiscriminadamente para todos. Não seremos flagrados elogiando uma pessoa e censurando outra — ou tentando conquistar elogios ou evitar censuras para nós mesmos. Esses julgamentos são contrários à nossa Natureza Búdica e servem apenas para nos manter presos à nossa idéia de separação.

QUESTÕES PARA REFLEXÃO:

• Você se flagra censurando alguém? Distancie-se da sua mente discriminatória. Imagine a sua consciência como sendo uma chama de amor que brilha indiscriminadamente para todos. Lembre-se de que você nunca poderá saber como é estar na pele desta ou daquela pessoa. Portanto, aproxime-se com uma atitude de compreensão, não de censura.

• Você está procurando ganhar elogios ou evitar censuras? Abandone qualquer conceito sobre si mesmo como alguém merecedor tanto de um como de outro. Imagine-se como sendo parte natural do universo — como as flores no campo ou os pássaros no céu. Ambos vivem sua própria natureza sem precisar de elogio nem temer a censura. O modo como os outros o vêem não vai mudar o que você é.

13

Não procure a verdade, simplesmente pare de dar opiniões

Conforme os ensinamentos do mestre Seng-t'san, a iluminação não é uma opinião, mas é encontrada na ausência de toda e qualquer opinião. Ela não é uma idéia, mas um estado de atenção da consciência que perpassa todas as idéias. Essa consciência tem a vastidão do infinito, como o céu azul límpido, e as idéias são nuvens passando pelo céu. Quando focalizamos nossa vista nas nuvens, deixamos de ver a vastidão do firmamento. Os ensinamentos zen propõem que deixemos de nos preocupar com opiniões e adotemos uma atitude de "não saber". Através do processo de não saber, podemos chegar a conhecer o conhecedor — a nossa Natureza Búdica.

QUESTÕES PARA REFLEXÃO:

• As suas opiniões estão impedindo que você perceba o que sua intuição diz a respeito da sua situação? Pare de tentar desesperadamente ter uma opinião sobre o que está acontecendo e diga simplesmente "não sei". Viva com esse "não sei" e as nuvens da confusão irão se dissipar e suas intuições se tornarão evidentes.

• Considere as opiniões que lhe são mais caras. Você sabe se elas correspondem realmente à verdade? De fato, a vida e a morte são mistérios incompreensíveis. Em vez de preencher o vazio com alguma opinião, tenha a coragem necessária para assumir a sua profunda ignorância. No Zen, a sabedoria não é alcançada por meio de idéias sobre a vida, mas pela experiência direta da vida através da nossa ignorância.

14

O caminho não é difícil para quem não tem preferências

O mestre Seng-t'san continua com seus ensinamentos: "Quando tanto a atração quanto a aversão estão ausentes, tudo fica claro e sem disfarces. Entretanto, com a menor distinção cria-se uma distância infinita entre o céu e a terra." Quando aceitamos inteiramente o que existe, percebemos a Unidade da Vida além das dualidades do bem e do mal, do desejado e do indesejado, do agradável e do desagradável. É dividindo a vida dessa maneira que obscurecemos o nosso estado natural de iluminação. É só quando deixamos as coisas serem como são que as vemos como realmente são.

A aceitação do que é vai além do bem e do mal, além do agradável e do desagradável.

QUESTÕES PARA REFLEXÃO:

• Você está enfrentando uma situação em que seus juízos de valor estão impedindo que tenha uma percepção direta dela? Deixe as coisas serem como são e aceite tudo do que você gosta e não gosta com equanimidade. Isso não é resignação passiva. Não "agüente" a vida, mas tampouco "lute contra ela". Simplesmente aceite-a como ela é. Aceitando-a, você pode começar a perceber a causa da situação atual e permitir que surja intuitivamente a solução apropriada, livre de suas expectativas, do seu medo e de outros juízos de valor.

• Suas preferências estão tornando a vida difícil para você? Esteja em paz, sem esforçar-se para que algo venha a você nem para repelir algo. Quando você abre mão de querer que as coisas sejam de uma certa maneira, que dificuldades poderá encontrar?

15

Contemple as estrelas, mas andando com os pés firmes no chão

O mestre zen D. T. Suzuki escreveu: "Com toda a nossa filosofia, com todas as nossas idéias grandiosas e enaltecedoras, não conseguimos escapar da vida enquanto a vivemos. Os que têm os olhos fitos nas estrelas continuam pisando em solo firme." A filosofia budista pode às vezes nos levar às últimas fronteiras do pensamento abstrato, com conceitos como "vazio" e "iluminação", mas a Verdade de seus ensinamentos só pode ser encontrada na nossa vida cotidiana. O Zen nos diz para sermos práticos e comuns e, ainda assim, olharmos o milagre da vida por todos os lados ao nosso redor.

QUESTÕES PARA REFLEXÃO:

• Você está correndo o perigo de cair no mundo das idéias abstratas e de perder o pé na sua vida cotidiana? Decida hoje dar atenção a certos detalhes práticos da sua vida, mas vendo-os como um *koan* zen que, se estudado de maneira consciente, pode levar à iluminação suprema.

• Você está tão envolvido nas coisas corriqueiras que a sua vida está desprovida de magia? Decida que hoje à noite você vai sair de dentro de casa por um instante para simplesmente contemplar as estrelas. O céu noturno é um *koan* perfeito. Considere o fato de ele ser infinito e a impossibilidade de sua mente conceber algo sem fim. Em seguida, aceite simplesmente o espanto e a beleza sem entender absolutamente nada.

Não se esforce para entender; simplesmente contemple o sublime.

VEJA OS MILAGRES NO COTIDIANO

16
Os sábios não se esforçam para chegar

O mestre Seng-t'san aconselha-nos a desistir das metas e a simplesmente existir. De acordo com os ensinamentos zen, o objetivo da vida não é chegar a algum lugar, mas desfrutar a jornada, pois, mesmo quando atingimos as nossas metas, a satisfação que sentimos é apenas temporária: sempre há um novo horizonte. O mestre Shunryu Suzuki diz: "O que é mais importante: ganhar um milhão de dólares ou desfrutar a vida enquanto se esforça para, pouco a pouco, mesmo que seja impossível, ganhar esse milhão? Ter sucesso ou encontrar algum sentido no esforço para alcançá-lo? Se você não sabe as respostas a essas perguntas, não será capaz de praticar os princípios zen; se você as sabe, terá encontrado o tesouro da vida."

QUESTÕES PARA REFLEXÃO:

• Você está tentando chegar a algum lugar? Em vez de achar que é importante chegar, concentre-se em fazer uma boa viagem. Viva a vida como se estivesse jogando um jogo. Existem metas que já são um objetivo, mas o verdadeiro objetivo é curtir o jogo.

• Você está buscando a iluminação? Aceite inteiramente o seu estado não-iluminado e deixe a vida seguir o seu próprio curso. Embora o objetivo do Budismo seja alcançar a iluminação, ironicamente ela só é alcançada quando todo desejo de chegar a algum lugar é abandonado. Enquanto você for alguém que vai a algum lugar, nunca conseguirá ver que não existe nenhum lugar para onde ir e nem ninguém para ir. Enquanto desejar a iluminação, você não perceberá que a sua Natureza Búdica já é iluminada.

17

Com o Zen, todos os dias são bons. Sem o Zen, mesmo os melhores dias são péssimos

Segundo os ensinamentos zen, se vivemos sem apegos, todos os dias são bons. Do contrário, mesmo os melhores dias são arruinados pela lembrança de que irão passar. Pela adoção de uma atitude positiva e de gratidão, podemos reconhecer cada dia como sendo bom à sua maneira. Ele pode ser bom por ser fácil e agradável ou por apresentar um desafio e revelar nossas limitações e imperfeições. Quando a gente não está apegada a nenhum desejo de como a vida deve ser, podemos transformar a nós mesmos para estar em harmonia com o modo que a própria vida quer ser — assim estaremos sempre cercados de coisas boas.

QUESTÕES PARA REFLEXÃO:

• Você está achando o dia de hoje horrível? Procure encontrar algo de bom nele. É o que o dia de hoje está lhe oferecendo. Você está aceitando essa oportunidade única ou está deixando de perceber o que ele tem de bom por se concentrar no que ele tem de ruim? Abra mão do seu desejo de que as coisas sejam de uma determinada maneira e viva o dia de hoje como ele quer ser vivido.

• Você está achando o dia de hoje maravilhoso? Consegue apreciá-lo neste instante, com plena consciência de sua natureza transitória, e aceitar que ele inevitavelmente irá passar? Considere as mudanças de estação do ano e que jamais haveria vida nova se não existisse a morte e a decomposição. Veja a sua vida como um processo natural e contínuo de mudança, no qual cada dia é parte integrante e vital. Não julgue as estações do ano como sendo boas ou ruins, mas alegre-se por saber que, sem elas, não existiria a dádiva do ano na sua totalidade.

18

A água é a mesma; porém, quando bebida por uma vaca, ela vira leite e quando bebida por uma cobra, vira veneno

O mestre Thich Thien-an escreveu: "A vida ser uma bênção ou um fardo só depende do estado mental da pessoa e não do mundo." O mesmo fato pode acontecer na vida de duas pessoas, mas cada uma fará dele algo completamente diferente. Não apenas as suas reações serão diferentes, mas até mesmo o modo como cada uma concebe o fato ocorrido. Nossa atitude diante da vida determina a nossa percepção da vida. O mestre Hakuin certa vez demonstrou isso a um guerreiro samurai que pedira para lhe ensinar sobre o céu e o inferno. Hakuin deu uma olhada no guerreiro e começou a insultá-lo. O guerreiro enfureceu-se e empunhou sua espada para atacá-lo. "É isso aí", disse Hakuin, "Isso é o inferno." Ao perceber que o mestre havia arriscado sua vida para demonstrar na prática seus ensinamentos, o samurai ajoelhou-se a seus pés em agradecimento. "Isso aí", disse Hakuin, "isso é o céu".

> **QUESTÕES PARA REFLEXÃO:**
>
> • De que formas as suas atitudes estão transformando a sua vida em céu ou inferno? Você está satisfeito com essas atitudes? Se não, como gostaria que fossem?
>
> • Você está sentindo raiva ou aflição? Lembre-se do mestre Hakuin e do samurai, e pense na situação como se fosse um mestre zen lhe ensinando como você cria o céu e o inferno com as suas atitudes.

AS SUAS ATITUDES CRIAM A SUA REALIDADE

19

As sementes do passado são os frutos do futuro

O Budismo prega a lei do "karma" — que nossa presente situação foi criada por escolhas passadas. O karma é mais do que uma espécie de justiça cósmica que nos castiga pelos nossos pensamentos e atos maléficos ou nos recompensa pelas nossas boas ações. É um mecanismo natural que ajuda a fortalecer a nossa consciência. Se agimos mal no passado, foi por ignorarmos que a bondade é a nossa natureza essencial. Quando a situação atual nos obriga a reconhecer isso, ela está nos ajudando a, no futuro, prestar mais atenção. Também quando a felicidade que estamos sentindo é resultado de nossa bondade expressa no passado, ela está mostrando a importância de continuar vivendo em harmonia com a vida. Entretanto, o karma não é apenas algo com efeitos a longo prazo. Ele tem também efeitos imediatos. Quando pensamos e agimos egoisticamente, no mesmo instante somos aprisionados pelo nosso individualismo. Quando pensamos e agimos abnegadamente, no mesmo instante somos libertos.

QUESTÕES PARA REFLEXÃO:

• Pense nas boas e más escolhas que você fez no passado que resultaram na situação que está vivendo hoje. O que você pode aprender da percepção disso?

• A situação que você está vivendo hoje é o resultado kármico de tudo o que você tem sido, nesta vida e, talvez, também em vidas passadas. De alguma maneira, foi você quem criou essa situação como uma oportunidade para despertar. O que ela está lhe ensinando a respeito de como você tem sido e como poderia ser agora?

AS SUAS ESCOLHAS DEFINEM O SEU DESTINO

20

Nós nos colocamos na nossa própria sombra e perguntamos por que está escuro

Segundo os ensinamentos zen-budistas, quando achamos que há algum problema na vida, o problema na realidade está em nós. Quando olhamos para as coisas da perspectiva do nosso eu individual separado, lançamos uma sombra que obscurece a luz de nossa Natureza Búdica essencial, e tudo fica parecendo escuro. Se nos viramos para encarar a luz, elevamo-nos acima dos limites de nossos interesses e podemos ver o quadro em sua totalidade. Quando estamos presos na armadilha dos objetivos de vida que nos impomos, não conseguimos enxergar o objetivo maior da vida. Quando nos submetemos ao objetivo da vida, e não aos nossos próprios, tudo fica claro. Talvez não nos seja possível transformar a situação, mas podemos transformar a nós mesmos e o modo como percebemos a nossa vida.

QUESTÕES PARA REFLEXÃO:

• Existe na sua vida algo que lhe parece escuro e confuso? Dê um passo para fora da sua obsessão consigo mesmo e olhe de novo. É a situação que está obscura ou é você quem está obscurecendo a luz com o seu ego? Se você parar de se preocupar com seus interesses mesquinhos na situação, poderá simplesmente deixar a vida seguir o seu fluxo.

• Você está enfrentando algum problema? Na realidade, o problema está em você percebê-lo como problema. Aceite-o como um desafio que a vida quer que você enfrente.

Você é o problema

21

Uma erva daninha é um tesouro e um tesouro é uma erva daninha

O mestre Shunryu Suzuki disse: "Para os aprendizes de Zen, uma erva daninha, que para a maioria das pessoas é algo inútil, é um tesouro. Com essa atitude, o que quer que você faça na vida torna-se uma arte." As coisas que na nossa vida consideramos ervas inúteis, que gostaríamos que não existissem, são na realidade uma grande bênção porque nos desafiam a evoluir espiritualmente. E as coisas que consideramos tesouros, na verdade nos limitam porque, se são bens materiais, nos apegamos a eles, e se são qualidades de caráter, o orgulho infla o nosso ego. Ambas cerceiam a liberdade para alcançarmos a nossa Natureza Búdica. Por valorizarmos certas coisas e não outras, deixamos escapar o valor de todas elas. Quando valorizamos todas as coisas igualmente, percebemos a Unidade da Vida.

QUESTÕES PARA REFLEXÃO:

• Você está considerando equivocadamente como erva daninha algo que na realidade é um grande tesouro? Poderá uma parte da sua vida, que você considera sem importância, ter algo de valioso para lhe oferecer? É possível que algo que você considera um incômodo seja uma bênção?

• Você está considerando equivocadamente como tesouro algo que na realidade é uma erva daninha? Existe algo em que você se apegou de maneira doentia e que esteja valorizando indevidamente? Corte o apego pela raiz e liberte-se.

22
Faça do sofrimento o seu remédio

O mestre Kyong Ho disse: "Não procure a saúde perfeita. Na saúde perfeita, há ganância e falta. Por isso, como dizem os antigos, 'Faça do sofrimento causado pela doença um bom remédio'." Qualquer que seja a causa do nosso sofrimento, de acordo com os ensinamentos zen-budistas, ele é uma oportunidade para despertarmos espiritualmente. Ele nos mostra nossos apegos, faz-nos sentir empatia para com o sofrimento dos outros e ajuda-nos

O verdadeiro herói zen não é um combatente defensivo, mas alguém que ama tudo com coragem.

a desenvolver a coragem. Segundo o mestre Yun-men, "O remédio cura a doença. O mundo todo é remédio. O que é o eu?" Todas as experiências são oportunidades para nos curarmos da crença de que somos "eus" separados. Quando tentamos evitar o sofrimento, somos como pacientes de um hospital que se recusam a tomar seus remédios. Eles jamais ficarão bem. Somente confiando no processo natural da vida e aceitando o sofrimento que vem a nós é que permitimos que ele nos cure da doença da separação.

O SOFRIMENTO CURA A IDÉIA
DA SEPARAÇÃO

QUESTÕES PARA REFLEXÃO:

• Você está tentando repelir o sofrimento? Não considere o sofrimento como sendo o problema, mas como parte da solução. O que ele está lhe mostrando? De que maneira ele o está curando da doença de identificar-se com o seu ego?

• Você está angustiado com a ignorância e crueldade do mundo? Imagine que estamos todos num hospital para nos curarmos da doença da separação e, assim, não é de surpreender que estejamos rodeados de pessoas doentes. Abandone seus julgamentos e concentre-se na cura de você mesmo, para que possa deixar de ser paciente e tornar-se médico.

23

O herói destemido é uma criança terna

O conselho do mestre Soyen Shaku diz para termos a coragem de um herói e o coração puro e amoroso de uma criança. Com essas atitudes, podemos enfrentar sem medo os desafios que a vida nos apresenta, sem cairmos no cinismo ou na posição de defesa. Podemos deixar que vida nos aprimore, em vez de nos deixarmos abater por ela. Muitas vezes nos defendemos da vida projetando uma aparência de dureza. Mas a força do verdadeiro herói está na sua compaixão e receptividade, e não na sua armadura.

QUESTÕES PARA REFLEXÃO:

• Você tem medo de enfrentar algo na sua vida? As pessoas têm atitudes extraordinariamente destemidas quando são motivadas pelo amor. Se você ama os outros e a você mesmo, vai encontrar força para superar qualquer medo. Sinta no seu íntimo o amor que precisa se manifestar na sua vida e deixe que ele lhe dê a coragem de que necessita. O medo pode não desaparecer mas, de qualquer maneira, faça o que tem de ser feito.

• Você está se protegendo de algo, apresentando uma casca externa de dureza para o mundo em vez da ternura do seu núcleo interior? Imagine-se forte e confiante, porém totalmente vulnerável. Qual é a sensação que isso lhe dá? Continue trabalhando com essa imagem até sentir que é capaz de tirar a armadura e viver com a coragem do amor.

24

Quanto maior a capacidade de amar, maior é a sabedoria

QUESTÕES PARA REFLEXÃO:

• Aprenda a desenvolver empatia pelos outros, tomando consciência deles como seres humanos iguais a você, seres cujas vidas são repletas de alegrias e tristezas, exatamente como a sua. Pense em alguém que você sente banido do seu coração ou em alguém cuja existência você normalmente mal percebe. Sinta empatia por essa pessoa e acolha-a com pensamentos de amor e ternura.

• A meditação é um método poderoso para se cultivar a tranqüilidade da mente. A meditação Zen costuma ser praticada na posição sentada de pernas cruzadas de frente para uma parede branca, mas pode também ser praticada em qualquer outra posição. Concentre sua atenção na respiração, nos movimentos de inalação e exalação. Não tente controlar seus pensamentos, mas não dê a eles nenhuma atenção. Como um nevoeiro que acaba se dissipando por sua própria conta, com o tempo a sua mente se tornará transparente.

Segundo os ensinamentos do Budismo, sabedoria e compaixão são qualidades inseparáveis da nossa Natureza Búdica intrínseca. Ser sábio é amar e amar é ser sábio. A sabedoria é a qualidade da mente que vê além dos limites do ego e conhece a Unidade da vida. O amor é a qualidade do coração que nos une com os outros e com a vida como um todo, e nos liberta da nossa crença na separação. O caminho para a iluminação é abrir a mente para a sabedoria, aquietando os pensamentos que nos separam da Unidade da vida, e abrir o coração para a compaixão, buscando empatia com todos os seres sensíveis.

A COMPAIXÃO E A SABEDORIA
SÃO INSEPARÁVEIS

25

O mundo muda quando você sorri

O mestre Thich Nhat Hahn diz: "Ao criar paz e felicidade em si mesmo, você começa a ver paz no mundo todo. O mundo mudará em resposta ao seu sorriso." Muitas vezes, procuramos maneiras grandiosas de ajudar os outros; mas a coisa mais simples, como um sorriso amável, pode fazer reverberar a bondade através do mundo. A necessidade mais básica do ser humano é sentir amor. Só o amor pode nos fazer transcender a experiência da separação que é a causa de todo sofrimento. Quem serve aos outros porque quer parecer ser uma pessoa generosa, ou porque se sente culpado, está, na verdade, servindo a si mesmo. Se sorrimos simplesmente por amor, transpomos a aparente distância que nos separa e sentimos a nossa humanidade compartilhada. A alegria é contagiante. Quando estamos contentes, passamos esse contentamento para os outros. Se quisermos fazer bem ao mundo, a melhor coisa é começar com um sorriso.

QUESTÕES PARA REFLEXÃO:

• É possível que um simples sorriso amável faça toda a diferença com respeito ao problema que você está enfrentando? Encontrar a sua própria felicidade e, então, partilhá-la com os outros é a maior dádiva que você pode oferecer.

• Sinta-se alegre simplesmente por estar vivo e partilhe esse sentimento com todos os que encontrar hoje. Tome consciência da nossa condição humana comum e ofereça a todos um sorriso de reconhecimento. Diga silenciosamente: "Mesmo não te conhecendo, sinto o amor que une todos nós num Único Ser."

COMPARTILHE A SUA FELICIDADE

26

A mesma lagoa.
O sapo dá um pulo —
Plop!

Esse poema *haiku* do mestre Bashô apreende um instante mágico. Ele aponta para um estado de atenção no qual um sapo insignificante, saltando para dentro de uma lagoa, constitui uma experiência de encantamento. Se damos total atenção ao momento presente, voltamos a ver, ouvir e sentir como quando éramos crianças. O mundo torna-se um fascinante parque de diversões, com uma infinidade de atrações e mistérios. As cores são vívidas; os sons, engraçados, intrigantes e surpreendentes. Não temos de correr em direção ao futuro, pois cada instante do presente contém mais do que jamais poderíamos sonhar. Quando perguntaram ao mestre T'sui-wei sobre o que era o Budismo, ele simplesmente sussurrou: "Vejam como esses bambus são esplêndidos!"

QUESTÕES PARA REFLEXÃO:

• Você está no presente — neste exato momento? Comece a olhar, a ouvir e a sentir realmente. Entregue-se inteiramente à experiência de sentir. Imagine como seria se você nunca antes tivesse visto as cores e, agora, olhe ao seu redor. Não tome o mundo por certo, mas aprecie a sua riqueza e variedade infinitas.

• Coloque-se no presente escrevendo o seu próprio poema *haiku*. Não é preciso que seja poesia elaborada; simplesmente tente expressar em poucas palavras a magia desse instante. Por exemplo: "Olhos atravessando a tinta sobre o papel, pensamentos surgindo na minha mente." Esse é um milagre despercebido que está acontecendo neste exato momento. Olhe e ouça. Milagres estão acontecendo em todo o seu redor, sem serem percebidos.

27

Imerso na água, você estende as mãos para pegar uma bebida

O mestre Hsueh-feng chama a atenção para o absurdo da nossa condição. Ele nos vê cercados de tudo o que jamais seríamos capazes de sonhar, mas procurando desesperadamente como se fôssemos miseráveis. O Budismo ensina que a vida humana é uma grande bênção que só obtivemos depois de muitas encarnações em outras formas de vida. Se não somos capazes de apreciar o simples milagre de estarmos vivos, jamais estaremos satisfeitos neste mundo transitório. Se descobrimos a nossa Natureza Búdica, entretanto, percebemos que é o amor que faz o universo palpitar e que a nossa riqueza é imensurável. Nós somos a consciência do cosmos presenciando o maior espetáculo que existe.

QUESTÕES PARA REFLEXÃO:

• Você está tão ocupado em querer mais que não percebe o que já tem? Reconheça todas as maravilhas que a sua vida contém: seus amigos, suas alegrias, seu crescimento espiritual e o fato de você ter tempo e oportunidade para ficar sentado lendo este livro. Mas não esqueça as maiores e mais negligenciadas das dádivas — o ar que respira, a luz do sol e o simples fato de você estar vivo.

• Saiba que, alcançando a iluminação, você perceberia que já tem tudo o que busca e concentre todos os seus muitos desejos no único desejo de alcançar a iluminação. Em seguida, abra mão também desse desejo e trate de simplesmente existir. Verifique se já abandonou o desejo de conseguir fazer isso sem precisar praticar!

28

O avô morre, o pai morre, o filho morre — isso significa boa sorte

Essas palavras foram certa vez proferidas como bênção por um mestre zen-budista. Mesmo que soem como maldição, elas na realidade estão dizendo que é quando as coisas não coincidem com os ritmos naturais da vida que nós as sentimos como tragédia. Num nível mais profundo, elas também expressam a questão que constitui um ensinamento central do Budismo, que é a impermanência. Tudo o que nasce também tem de morrer. Tentar agarrar-se a algo ou a alguém é, por isso, motivo de sofrimento. O Zen-budismo nos aconselha a procurar por aquilo que jamais vem ao mundo, mas que é eterno — a Natureza Búdica. Se conhecemos a nossa essência profunda, podemos viver em segurança num mundo de total insegurança.

QUESTÃO PARA REFLEXÃO:

• A impermanência é um problema para você? Tudo o que algum dia você já teve na vida, ou já perdeu ou vai inevitavelmente perder. Identifique a causa de suas experiências de sofrimento em algum tipo de apego a uma pessoa, coisa ou situação necessariamente impermanente. Pode parecer desumano não criar esses apegos, mas não apegar-se não é a mesma coisa que ser frio, indiferente ou desinteressado. Na realidade, os apegos restringem e aprisionam o amor, pois nos enclausuram nos nossos eus individuais. Quando não temos apegos, estamos livres de nossos interesses individuais e, portanto, somos capazes de expressar mais plenamente a nossa Natureza Búdica que é essencialmente amorosa.

29

Enquanto estiver vivendo, tenha a consciência de que está morrendo

Esse ensinamento zen-budista é para vivermos nossas vidas com consciência da nossa mortalidade. Isso não tem nada de macabro, mas focaliza a mente e nos mostra o que é realmente importante. Viver com a consciência da morte pode nos tornar mais vivos. Saber que o dia de hoje pode ser o último da nossa vida ajuda-nos a viver plenamente e a dar atenção ao que realmente importa. Um discípulo do mestre Hakuin meditava por longos períodos de tempo sobre um *koan* e estava ficando desesperado por nunca alcançar a iluminação, até que Hakuin concordou que a situação era desesperadora e que, se ele não conseguisse alcançá-la em três dias, deveria suicidar-se. No segundo dia, o discípulo alcançou a iluminação!

> **QUESTÕES PARA REFLEXÃO:**
>
> • Se você morresse amanhã, teria algo para se arrepender por não ter feito? Se a sua resposta for afirmativa, comece a fazê-la hoje. Reconcilie-se com as pessoas com as quais se desentendeu. Diga às pessoas que você ama o quanto elas são importantes para você. Descubra a sua Natureza Búdica e seja quem você é. Amanhã pode ser tarde demais.
>
> • Viva com a consciência da morte. Perceba a inevitabilidade do fim para tudo e para todos. Sua saúde e sua fortuna, seus entes queridos e seu próprio corpo são apenas dádivas provisórias. Valorize-as agora e não fique chocado com o fim delas. Descubra a Natureza Búdica permanente e deixe que tudo o mais venha e se vá como tem de ser.

30
Mu!

"Mu" é um tradicional *koan* zen com a capacidade de despertar totalmente as pessoas que meditam sobre ele. "Mu" significa literalmente "não". Quando alguém lhe fazia uma pergunta, o mestre Ekai respondia muitas vezes simplesmente exclamando "Mu!" como forma de dizer que o "sim", assim como o "não", era limitado demais para constituir uma resposta. Mu nem afirma nem nega algo. É uma resposta absurda que remete a um profundo e intuitivo conhecimento zen, além da limitada mente racional. "Mu" está dizendo: "Não faça essa pergunta!" E está perguntando: "Você não vê que, na realidade, tudo forma um Único Todo e que a vida é desprovida de separação?" Com esse entendimento, as perguntas deixam de existir.

A iluminação vem da aceitação, não da análise.

QUESTÕES PARA REFLEXÃO:

• Você está fazendo perguntas para as quais tanto o "sim" quanto o "não" parecem respostas inadequadas? Reconheça que existe uma terceira possibilidade, além da dualidade da afirmação e da negação, e responda "Mu!". Mu pode ajudá-lo a ver a Verdade da situação que não pode ser expressa em palavras.

• Confronte todos os seus conhecimentos e crenças com "Mu!" Dissolva a sua mente racional num entendimento intuitivo. Você acha que sabe quem é? Mu! Você acha que não sabe como as coisas são? Mu! Transponha todas as respostas "sim" e "não" para chegar à Unidade do Mu! O mestre Ekai meditou durante seis anos sobre "Mu" até alcançar a iluminação. Ele revelou que "muito espontaneamente, o dentro e o fora se fundiram. De repente, o 'Mu' explodiu, fazendo a terra estremecer e o céu se rasgar".